Adolphe NIEL

MARÉCHAL DE FRANCE.

Rome. — Algérie. — Bomarsund. — Crimée. — Italie. — France !

1802-1869.

Adolphe NIEL

Grand'croix de la Légion-d'Honneur, Ministre secrétaire d'État de la guerre

Né à Muret (département de la Haute-Garonne), le 4 octobre 1802

Décédé à Paris le 14 août 1869

« MARÉCHAL DE FRANCE ! »

————

« SA VISITE D'ADIEUX A BORDEAUX ET A TOULOUSE »

SES DERNIÈRES ÉTAPES. — SA DERNIÈRE CAMPAGNE :

MURET.

————

Le 14 août 1869, S. Exc. le Maréchal Niel a rendu son âme à Dieu.

Depuis quelques semaines l'existence de ce vaillant Soldat, de ce Maréchal illustre, était sérieusement menacée. — La science épuisant avec autant de tact que de dévouement ses plus précieuses ressources, était impuissante à conjurer un mal cruel qui ne devait pas pardonner !

Tous ceux qui ont été admis auprès du Maréchal Niel durant ces heures de souffrances aiguës stoïquement traversées : tous ceux qui ont pu contempler la physionomie du grand Capitaine luttant avec la mort, conserveront vivante et forte, l'image de cet homme éminent qui, après avoir vécu en bon citoyen, a tenu à mourir en Soldat courageux, en Chrétien et en Croyant !

Il était écrit que la lutte devait être inégale entre le corps et la maladie ! Aussi le Maréchal ne se faisant pas

d’illusion s’est-il préparé à une séparation devenue néces-
saire, impérieuse, et quelque amère qu’ait dû être, en ce
moment suprême, pour son cœur d’Epoux, de Père, de
Parent et d’Ami, l’heure de la résignation, l’heure du
suprême adieu, il l’a vue approcher avec le courage du
Chrétien et du Soldat qui, pour la première fois, dans sa
longue et brillante carrière, est mort sur la brèche en
rendant ses armes.... à Dieu seul !

Dépeindre la douleur, les angoisses violentes de toute
cette Famille entourant le lit du Maréchal afin de recueil-
lir pieusement le dernier soupir de son âme, ce serait une
tâche au-dessus de nos forces : bien plus, ce serait porter
une main inconsciente, profane, sur un tableau d’inté-
rieur qui n’appartient qu’à la Maréchale Niel et à ses
Enfants !

Tous les soldats, en France, tous les Maréchaux, s’en-
dorment du même sommeil ; leur physionomie martiale
reflète les mêmes sensations, accuse les mêmes croyances
finales !

Qui a vu mourir S. Exc. le Maréchal Niel, a vu mourir tous les grands Capitaines qui l’ont précédé dans la
tombe. Pour nous qui n’avons pu être admis, en ces
heures de détachement suprême des choses terrestres,
qu’auprès d’un seul Maréchal de France et qui lui étions
attaché par les liens les plus forts et les plus doux, par
le sang et par la reconnaissance (1), nous n’avons pas
oublié, nous nous rappelerons sans cesse que chez
Nous les Guerriers voient la mort approcher sans for-
fanterie et sans faiblesse. — Chez eux le cœur peut
tressaillir au souvenir de la Famille, du Souverain ou du

______

(1) Le Maréchal Bugeaud, duc d’Isly, mort à Paris, en juin 1849 !

Pays dont ils sacrifient, pour la première fois, les tendres caresses, la cause sainte, mais ils savent se résigner puisqu'ils vont pouvoir encore servir le maître des maîtres !

Il serait hors de propos, inutile même, d'établir, dès ce moment, l'état des Services militaires du Maréchal que la France a perdu d'une façon aussi brusque qu'imprévue. Ses Services sont inscrits en lettres d'or aux Archives de la Guerre, et chacun peut-être certain, pour peu qu'il les consulte, de retrouver le jeune Officier du Génie noté pour de hauts faits d'armes, pour des actions d'éclat.

Les obsèques ont eu lieu à Paris, le 18 août. — Le récit suivant que nous empruntons au *Journal officiel* place sous nos yeux, l'ensemble le plus complet de cette imposante et douloureuse cérémonie :

Les obsèques de S. Exc. M. le maréchal Niel, ministre de la guerre, sénateur, grand-croix de l'ordre impérial de la Légion d'honneur, ont été célébrées hier.

Le corps de l'illustre défunt, exposé en chapelle ardente, était placé sous un catafalque entouré de candélabres et de lampes funéraires ; la façade de l'hôtel du ministère de la guerre était couverte de draperies noires portant des écussons aux armes du maréchal Niel.

Les insignes du défunt, voilés d'un crêpe, étaient placés en avant du catafalque.

A midi, les autorités civiles et militaires remplissaient les salons de réception du ministère de la guerre, où des places étaient réservées pour chacune d'elles, et S. Exc. le maréchal Canrobert, commandant les troupes désignées pour rendre les honneurs militaires, entrait à cheval dans la cour de l'hôtel, entouré de son état-major.

A midi un quart, le corps du maréchal était descendu de l'estrade, et placé sur un char funèbre attelé de six chevaux richement caparaçonnés.

Le deuil était conduit par M. Léopold Niel, sous-lieutenant, élève à l'École impériale d'état-major, et par M. le comte Duhesme, chef d'Escadrons au 2e régiment de hussards, fils et gendre du maréchal, suivis de leur famille.

Les cordons du poêle étaient tenus par : S. Exc. le maréchal Vaillant, sénateur, membre du conseil privé, grand maréchal du palais, ministre de la Maison de l'Empereur et des beaux-arts ; S. Exc. l'amiral Rigaul, de Genouilly, sénateur, ministre de la marine et des colonies, chargé par intérim du département de la guerre ; S. Exc. M. Rouher, président du Sénat ; Son Excell. M. Schneider, président du Corps législatif.

L'Empereur s'était fait représenter par S. Exc. M. le duc de Combacérès, sénateur, grand-maître des cérémonies, et par Son Exc. M. le général de division prince de la Moskowa, sénateur, aide de camp de Sa Majesté, grand veneur.

L'Impératrice, par M. le baron de Pierres, son grand écuyer.

LL. AA. II. le Prince Napoléon et la Princesse Clotilde par M. le colonel Ragon, aide de camp, et par M. Viollot, officier d'ordonnance.

S. A. I. la Princesse Mathilde, par M. le général de division Chauchard, son chevalier d'honneur.

Le corps diplomatique s'était rendu directement à l'église ; on remarquait parmi ses membres :

S. Exc. Mgr. Chigi, nonce du Saint-Siège apostolique ; LL. Exc. le prince Metternich-Vineburg, ambassadeur d'Autriche ; Djemil Pacha, ambassadeur de Turquie ; lord Lyons, ambassadeur d'Angleterre ; l'aide de camp général comte de Stackelberg, ambassadeur de Russie ; M. Salustiano de Olozaga, ambassadeur d'Espagne ; et la plupart des ministres plénipotentiaire accrédités près de l'Empereur.

A midi et demi, le cortége s'est mis en marche dans l'ordre suivant :

Deux escadrons de cavalerie de la garde impériale avec état-major et aigle ; une brigade d'infanterie de la garde impériale ; un bataillon et un escadron de la garde de Paris : une compagnie des sapeurs-pompiers de la Ville de Paris ; le maréchal commandant le 1er corps d'armée et son état-major ; le char funèbre ; les gens de service et domestiques de la maison du défunt ; le cheval de bataille que le maréchal montait à Solférino ; un officier en manteau portant les pièces d'honneur ; un maitre des cérémonies.

Les représentants de l'Empereur et de la famille impériale ; la famille du défunt ; les aides de camp et officiers d'ordonnance du maréchal ; le personnel de son cabinet ; un maitre des cérémonies ; LL. Exc. les ministres et les membres du conseil privé ; LL. Exc. les maréchaux Regnaud de Saint-Jean-d'Angély, commandant en chef la garde impériale, et Bazaine, commandant le 3e d'armée ;

Les députations du Sénat, du Corps législatif, du Conseil d'Etat, de la Cour de cassation, de la Cour des comptes ; les députations du Conseil supérieur de l'instruction publique, de l'Institut, de la Cour impériale, du Tribunal de première instance ;

Les préfectures de la Seine et de police ; le corps

municipal ; l'administration centrale de la guerre ; le tribunal de commerce ; la chambre des prudhommes ; les Facultés de l'Académie de Paris ; le corps des ponts et chaussées et des mines ; les justices de paix ; les ministres des différents cultes ; les administrations centrales des divers ministères ;

Les Ecoles militaires d'état-major, polytechnique, spéciale militaire de Saint-Cyr, de médecine et de pharmacie ; le conseil de santé et la commission d'hygiène hippique ; les députations de la garde nationale, de la garde impériale, du 1er corps d'armée, de la garde nationale mobile ; une division d'infanterie du 1er corps d'armée, deux batteries d'artillerie, un régiment de cavalerie avec état-major et aigle.

Le cortége funèbre s'est rendu à l'hôtel impérial des Invalides en passant par les rues Saint-Dominique-Saint-Germain et de Solférino, le boulevard Saint-Germain, le quai d'Orsay et l'esplanade des Invalides ; la haie était formée sur son passage par des troupes d'infanterie de la garde impériale et de la ligne.

Le cortége a été reçu à la grille d'honneur par M. le général commandant l'Hôtel, accompagné de son état-major ; dans la cour de l'Hôtel, les invalides formaient la haie jusqu'à l'entrée de l'église ; un peloton de quarante hommes armés de lances précédait le char funèbre.

Le clergé des Invalides attendait le corps à l'entrée de l'église et l'a conduit sous un dais surmonté d'un baldaquin aux armes du maréchal.

L'église et les bas-côtés étaient tendus de noir et ornés d'écussons rappelant les principaux faits d'armes du maréchal Niel : Constantine, Rome, Bomarsund, Sébastopol, Magenta et Solférino. Dans le chœur étaient placés : à gauche, les représentants de l'Empereur et de la famille impériale ; à droite, S. Exc. Mgr l'archevêque de Paris avec ses grands vicaires.

Le service divin a été célébré par le curé de l'église des Invalides ;

L'absoute a été dite par M. l'archevêque de Paris.

Les membres du corps diplomatique ont tenu à accompagner le cortége qui, après la cérémonie religieuse, s'est dirigé vers la grille d'honneur, et quelques-uns d'entre eux ont assisté au défilé.

Le char funèbre a été placé en dehors de cette grille, et les troupes, massées à droite et à gauche de l'esplanade des Invalides, ont défilé, sous les ordres de S. Exc. le maréchal Canrobert, devant le corps de l'illustre défunt.

Après ce défilé, les restes mortels du maréchal Niel ont été déposés sous le dais, jusqu'au moment où ils ont été conduits à la gare du chemin de fer d'Orléans, pour être inhumés à Muret (Haute-Garonne), dans un caveau de famille.

1re Etape. — PARIS

C'est ici que commence le deuil de la famille et que les amis, groupés autour d'elle, durant ces longues heures de course rapide à travers la voie ferrée, s'efforcent à l'envi mais en vain, d'adoucir l'amertume qui oppresse le cœur du fils et du gendre du Maréchal, dirigeant, muets, consternés, la marche du convoi !

Les ombres de la nuit ne dissimulent qu'imparfaitement le funèbre cortége et de gare en gare, on entend les passants ou les curieux se redire à voix basse : Le

Ministre de la guerre, Adolphe Niel, va goûter au sein de la famille, à Muret, le repos si bien gagné par les labeurs d'une vie de travail et de constantes fatigues.

2e Etape. — BORDEAUX.

A l'aube matinale, la ville de Bordeaux, et près d'Elle son grand fleuve, couvert de mille maisons flottantes, se détachent à l'horizon ! — Le Maréchal se réveille en revoyant une Cité de lui bien aimée et l'écho de la rive lui apporte un souvenir de ces Palus fertiles de Montferrand où il aimait tant, chaque année, à aller s'épancher et se refaire au sein de la famille et de l'amitié.

Le convoi se remet en marche : son allure a quelque chose de strident, de lugubre. Un instant on cotoie la *Gironde* et les bâtiments amènent spontanément leur pavillon, leurs vergues s'inclinent comme en un jour de deuil public. — Successivement on passe devant Marmande, Agen, Montauban, et voici, devant nous, Toulouse, la grande ville, qui fut le siége de l'un des grands commandements de l'illustre Défunt !

3e et 4e Etape. — TOULOUSE et MURET.

Aujourd'hui, à 1 heure 45 minutes, sont entrées en Gare du Chemin de fer du Midi, à Toulouse, les dépouilles du Maréchal Niel !

Le Maréchal ne préside plus, depuis quelques heures, à la direction si importante de notre appareil militaire. C'est Dieu qui l'a voulu, et ses décrets sont impénétrables ! Acceptons-les sans murmurer !

Le département de la Haute-Garonne et Toulouse, son centre et sa vie, sont en deuil !

A l'heure où nous écrivons, 1 heure et demie, les abords de la Gare du Chemin de fer du Midi, le pont de Riquet-Caraman, disparaissent sous les flots pressés d'une population émue et profondément triste.

Dans 30 minutes, un Serviteur de l'Etat, un Enfant du pays : S. Exc. le Maréchal Niel, va passer devant Toulouse, hélas ! pour la dernière fois !

D'où vient le Maréchal ? Où va-t-il ? Il est venu de Muret, il retourne à Muret !

Que demande-t-il au Chef-lieu de son département, en passant : Il demande ce qu'on va lui donner, à lui l'Enfant du pays :

Un salut militaire !

A Paris, hier, on lui a rendu les honneurs prescrits par le décret de Messidor an xii. — Aujourd'hui il ne se présente à Toulouse que sous la forme du voyageur qui entreprend le dernier voyage ! — Il passe devant Toulouse, et Toulouse est fière de s'incliner même devant son ombre.

Des députations officielles, des délégués, des représentants de toute la Société Toulousaine, des hommes graves, des oisifs, sont là, depuis longtemps, dans l'attente du grand événement du jour !

Il est 1 heure 45. — Le train est en Gare : Il va partir, entraînant la dépouille d'un bon citoyen, d'un homme qui est parti modestement de la ville natale et qui y revient à la fin de sa vie, qui y revient, aujourd'hui, avec le Bâton de Maréchal enfermé dans son cercueil.

Si des honneurs militaires spéciaux n'ont pas été rendus au Maréchal de France, à son passage à Toulouse, c'est que les honneurs prescrits par le décret de Messidor lui ont été rendus, hier à Paris, avec la pompe consacrée en de telles et en de si douloureuses circonstances.

Nous avons remarqué durant le temps d'arrêt réglementaire, que les membres des familles Niel, Maillères, Castéja, Duhesme, et, à leur tête, le fils du Maréchal, le lieutenant d'Etat-Major, Niel (Léopold), étaient accueillis par les Autorités militaires, civiles, judiciaires, en un mot, par le tout Toulouse, avec les marques de la plus vive sympathie et la plus respectueuse déférence.

M. le général de Division Le Bœuf, Commandant Supérieur de la 12e division militaire et du 6e corps d'Armée, et, à sa suite, un nombreux et brillant Etat-Major (où nous avons crayonné à la hâte, les noms de M. le Général Schmitz, chef d'Etat-Major de la division supérieure, de M. le général vicomte d'Ouvrier de Villegly, de MM. les Colonels de Saint-Rémi et Toussaint, Colonels d'artillerie, du Colonel commandant le 72e de ligne, de M. le Colonel du Génie Mondain, et de beaucoup d'autres Officiers appartenant à la division Militaire de Toulouse), sont allés à la rencontre de la famille du Maréchal accompagnant sa triste dépouille.

L'échange des compliments de condoléances s'est fait entre la famille de nombreux et fidèles amis, en présence de MM. le Baron Dulimbert, Préfet de la Haute Garonne ; Léo Dupré, Procureur-Général près la Cour de Toulouse ; Sacase, Président de Chambre; Escudié, Conseiller; Auger, Avocat-Général; d'Orgères, Sous-Préfet de Villefranche ; des Membres du Conseil de Préfecture ; de M. d'Arros, chef du cabinet du Préfet; de M. de Carbonnel, Trésorier Payeur-Général, etc. !

Nous avons remarqué à côté des principaux membres de la famille, venus de Paris, pour entourer jusqu'à sa dernière demeure le vaillant Maréchal : MM. le commandant d'Etat-Major Corbin et d'autres officiers supérieurs attachés à la maison militaire de S. Exc. le Ministre de la Guerre.

M. le Lieutenant-Colonel Parmentier, retenu par des devoirs de service et de famille, n'avait pu, en ce jour, accomplir le pieux pélerinage ! . . ,

Toute la famille militaire, civile et judiciaire, était donc réunie à la Gare, et de nombreux amis, contristés, allanguis, ont attendu dans le silence et le deuil, que le signal du départ fût donné !

A deux heures, le train a continué sa marche ; le Maréchal dormait et sa ville natale, en habit de deuil, l'attendait à Muret.

M. le Sous-Préfet de l'arrondissement, le Conseil municipal de la ville de Muret, Messieurs les Maires du canton d'Auterive, représentés au Conseil général de la Haute-Garonne par le Maréchal Niel, attendaient en gare le funèbre convoi.

Personne n'a oublié au sein du Conseil général, de cette Assemblée d'élite, l'aménité, le tact si délicat, la constante bienveillance, la haute impartialité de son Président, qui savait si bien rendre l'examen des affaires publiques facile et lucide.

Monseigneur l'Archevêque de Toulouse, Mgr Desprez, doit procéder, à l'heure où nous parlons, à la levée du corps du défunt. Des discours sont prononcés ; des adieux suprêmes sont adressés au brillant capitaine, au citoyen intègre, à l'homme de bien qui, à l'instar des Maréchaux de France, a consacré sa vie, les forces vives de son intelligence et de son corps au service de l'Etat, au bien de tous.

M. le Général Le Bœuf, Commandant en chef du 6e Corps, au nom de l'Armée, a prononcé sur la tombe entr'ouverte, un discours qui sera demain dans toutes les mains et qui restera à jamais gravé dans le souvenir reconnaissant des habitants de la Haute-Garonne.

Ne pouvant reproduire en entier la chaleureuse et brillante improvisation du Commandant en chef du 6e corps, nous ne pouvons résister au plaisir de placer sous les yeux du lecteur la péroraison, résumé éloquent des pensées si généreuses et si justes de M. le général Le Bœuf :

« Illustre et regretté Maréchal, a-t-il dit, l'Empereur
» perd en vous un serviteur vaillant et dévoué, la patrie
» un de ses meilleurs citoyens ; mais vous ne mourrez pas
» tout entier ; votre souvenir vivra dans nos cœurs, et les
» exemples que vous léguez ne seront pas perdus. »

M. Henry, Président du Tribunal civil de Muret, est venu ensuite, en termes distingués, saluer l'homme qui a été et qui sera toujours l'orgueil de son pays natal.

Les prières de l'Eglise terminées, Mgr de Toulouse a étendu sa main, prononcé l'absoute, adieu suprême du Représentant vénéré de l'Eglise, à l'homme, au Maréchal de France, qui n'a jamais relevé que de sa conscience et de sa droiture !

L'Empereur Napoléon III le sait ! Il vient de perdre un confident sûr, un ami de tous les jours, qui a apposé sa signature au bas du récent et populaire Décret d'Amnistie, comme codicille, pour ainsi dire, à ses dispositions suprêmes !

C'est par un acte de mansuétude, de généreuse fraternité que le Maréchal Niel a terminé sa vie ! — Le département de la Haute-Garonne ne saurait l'oublier, pas plus que le département de la Gironde, qui fut le pays d'adoption de Son Excellence !

Au nom de la France, au nom du pays natal, nous adressons un adieu profondément triste, profondément reconnaissant, à celui qui n'est plus et qui entre désormais dans les souvenirs et dans les pages les plus illustres de l'histoire contemporaine ! Et en nous séparant du Maréchal, notre Compatriote ; en lui adressant ce simple hommage de tendre respect et d'affection au nom de tous, et au nom des habitants de la Haute-Garonne, de cette contrée qui fut son berceau et qui a recueilli ses cendres refroidies, ne craignons pas d'ajouter que, dès ce moment, la vie publique du Maréchal appartient à l'histoire ! Elle seule est équitable et à l'abri des fluctuations souvent si intéressées du cœur et de l'esprit des hommes !

Que ceux qui, dans la vie politique, ont été en dissentiment avec cet homme illustre qui emporte, dans la tombe, notre admiration et notre respect, élèvent la voix. Ils le peuvent ! — Mais qu'ils veuillent bien se rappeler que si la critique est facile, le droit de la défense est imprescriptible et que lorsqu'ils auront parlé, nous nous réserverons le droit de la réplique (s'ils sont des adversaires de bonne foi.)

Pour nous, hélas, qui n'avons pas, comme le Maréchal Niel, accompli notre tâche, sachons attendre notre heure dernière et demandons à Dieu de ne nous inspirer que d'aussi nobles exemples !

Puisse-t-on dire des générations à venir et de nous, ce que je dis hautement de S. Exc. le Maréchal Niel : — Il eut la passion de l'honnêteté, de l'honnêteté qui fait les hommes et qui, seule, les fait.

Daniel de M^c-CARTHY, avocat.

Toulouse. — Typographie de BONNAL et GIBRAC, rue St-Rome, 44.